Bibliografische Information der Deutschen Nationalbibliothek:

Die Deutsche Bibliothek verzeichnet diese Publikation in der Deutschen National-
bibliografie; detaillierte bibliografische Daten sind im Internet über http://dnb.d-
nb.de/ abrufbar.

Impressum:

Copyright © 2009 GRIN Verlag
Druck und Bindung: Books on Demand GmbH, Norderstedt Germany
ISBN: 9783668279964

Dieses Buch bei GRIN:

https://www.grin.com/document/191171

Stefan Vicen

Die sportlichen Voraussetzungen der Spielsportart Handball

GRIN Verlag

Die sportlichen Vorraussetzungen
der Spielsportart Handball

Seminararbeit

von:

Stefan Vicen-Moreno

Johann Wolfgang Goethe Universität
Frankfurt/ Main

1. Handballgeschichte

„Handball hat seinen Ursprung schon in der Antike, hier findet man handballähnliche Spiele wie Urania oder auch Harpastum bei den Römern. Weiterhin wurden im Mittelalter verschiedene Fangspiele praktiziert" (Trosse, 2006, S. 12).

Trosse meint, dass das uns heute bekannte Handballspiel sich erst zur Jahrhundertwende entwickelte, vom 19. zum 20. Jahrhundert. 1906 wurde das erste Regelwerk, vom dänischen Lehrer und Oberstleutnant Holger Nielsen aus Ordrup bei Kopenhagen, entworfen. Hierbei durfte der Ball nur drei Sekunden gehalten werden und mit dem Ball durfte man sich nicht fortbewegen(vgl. Trosse, 2006, S. 13).

Die ersten festen Regeln wurden am 29. Oktober 1917 vom Berliner Oberturnwart Max Heiser (1879-1921) festgelegt. Mit dem Spiel sollte für Mädchen eine Möglichkeit geschaffen werden sich auszutoben, da Jungenspiele, wie Fussball, ihm zu körperbetont erschienen.

Zwei Jahre später führte der Berliner Turnlehrer Carl Schelenz (1890-1956) neue Regeln ein, um das Spiel für Jungen und Männer attraktiver zu machen. Folglich wurden Zweikämpfe erlaubt, der Ball verkleinert und das Prellen eingeführt. Die restlichen Grundlagen wurden vom Fussball übernommen. Diese Regeländerungen führten den Handball zu immer mehr Beliebtheit und schließlich wurde 1921 die erste deutsche Meisterschaft ausgetragen, die der TSV 1860 Spandau gewann.

Das erste Handball-Länderspiel fand am 13. September 1925 in Halle an der Saale zwischen Deutschland und Österreich statt. Die österreichische Auswahl besiegte dabei Deutschland mit 6:3. 1928 wurde dann im Rahmen der Olympischen Spiele in Amsterdam der erste internationale Handballverband IAHF gegründet. In dieser Zeit wurde das Regelwerk erstmals offiziell festgelegt und vereinheitlicht. In der Zeit von 1922 bis 1933 wurden die Deutschen Handballmeisterschaften parallel von zwei verschiedenen Verbänden (Deutsche Sportbehörde und Deutsche Turnerschaft) ausgetragen, so dass es für jedes Jahr zwei deutsche Meister gab.

Olympisch war Feldhandball das erste und einzige Mal bei den Olympischen Sommerspiele 1936 in Berlin, aber auch nur auf Bestreben Adolf Hitlers hin, da Deutschland den Feldhandball zu dieser Zeit klar dominierte.

„Nach dem Zweiten Weltkrieg musste die Organisation und Struktur des Handballs wieder aufgebaut werden, so wurde 1946 die International Handball Föderation IHF und 1949 der Deutsche Handballbund DHB gegründet" (Trosse, 2006, S. 15).

Parallel zum Feldhandball entwickelte sich aber auch der Hallenhandball immer weiter. Treibende Kraft beim Gang in die Hallen waren vor allem die skandinavischen Länder, die aufgrund der klimatischen Bedingungen nach Möglichkeiten suchten, Taktik und Tempospiel voranzutreiben, ohne auf Wind, Wetter und Jahreszeiten Rücksicht nehmen zu müssen. Das Spiel wurde, nachdem die Regeln der neuen Umgebung angepasst wurden, sicherer, schneller und somit auch attraktiver. Trotz der anfänglich gleichen Behandlung von Hallen- und Feldhandball setzte sich der Hallenhandball immer mehr durch. Der Hallenhandball der Männer wurde 1972 in München olympische Disziplin, was endgültig dazu führte, dass Feldhandball in Zukunft keine Rolle mehr spielen würde. So fanden dann auch 1975 die letzten Meisterschaften im Feldhandball statt, seither wurde Handball praktisch mit Hallenhandball gleichgesetzt. Hallenhandball für Frauen wurde dann 1976 in Montreal ebenfalls olympisch.

Im Hallenhandball werden regelmäßig Welt- und Europameisterschaften ausgetragen. Der letzte Höhepunkt war die Weltmeisterschaft 2009 in Kroatien.

Die europaweit erfolgreichsten Handballvereine bei den Herren sind der FC Barcelona mit 12 Titeln in europäischen Wettbewerben und der VfL Gummersbach mit acht Titeln.

1. 1. Handball aktuell

Handball ist eine Sportart, bei der zwei Mannschaften aus je sieben Spielern (sechs Feldspieler und ein Torwart) gegeneinander spielen. Das Ziel des Spiels besteht darin, den Handball in das gegnerische Tor zu werfen und somit ein Tor zu erzielen. Die Mannschaft, die nach Ablauf der Spielzeit, die zweimal 30 Minuten beträgt, die meisten Tore erzielt hat, gewinnt. Ein Remis zum Ende der Spielzeit ist gültig.

Außer dem Hallenhandball (meist einfach Handball genannt) gibt es noch zwei weitere Varianten. Zum einen den früher wesentlich häufiger gespielten Feldhandball und zum anderen den sich wachsender Beliebtheit erfreuenden Beachhandball (andere Anzahl der Spieler, Tor- und Wechslregel)

Die Spielfläche beim Handball hat die Form eines Rechtecks (40 m × 20 m) und wird durch die Mittellinie in zwei Hälften geteilt. In der Mitte der Schmalseiten befinden sich die Tore, vor diesen die jeweiligen Torräume. Der Raum innerhalb der Spielfläche, aber außerhalb der Torräume, ist das Spielfeld.

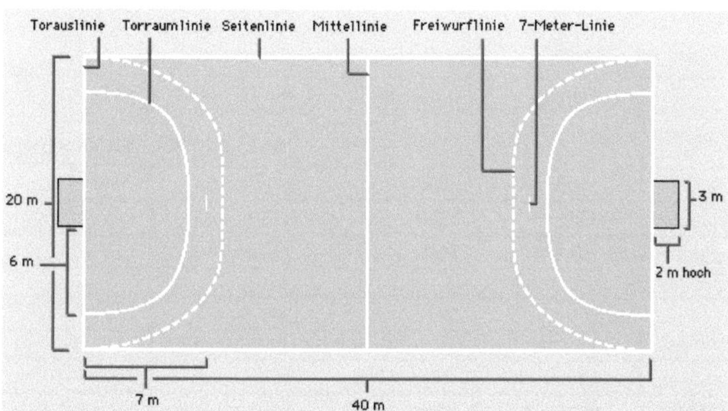

Der Handball in Europa ist in der European Handball Föderation (EHF) organisiert, die wiederum ein Kontinentalverband der International Handball Föderation (IHF) ist.

Der aktuelle Titelträger in Deutschland ist der THW Kiel, der auch DHB-Pokalsieger ist. Im internationalen Bereich hat Ciudad Real (Spanien) den THW Kiel im Champions-League-Finale 2008 geschlagen.

Den Europapokal der Pokalsieger gewann der HSV Hamburg. EHF-Pokal-Sieger wurde der SC Magdeburg. Den EHF Challenge Cup gewann mit CS USM Reşiţa (Rumänien).

Den Olympiasieg in Peking 2008 errang Frankreich, im Spiel um die Goldmedaille wurde Island mit 28:23 besiegt.

Bei der Handball-Europameisterschaft 2008 in Norwegen errang Dänemark durch einen Sieg mit 24:20 über Kroatien den Titel. Dritter wurde Frankreich, das im kleinen Finale Deutschland bezwang. Schweden gewann das Spiel um Platz 5 gegen Norwegen und qualifizierte sich damit vorzeitig für die WM 2009 in Kroatien.

2. Anforderungsprofil und Grundlagen

Beim Handball spielen einige leistungsbestimmende Faktoren eine Rolle, die durch folgende Tabelle, die einen Vergleich der bekanntesten Spielsportarten zeigt, verdeutlicht wird.

Merkmale	Fußball	Handball	Basketball	Volleyball
				X= 3,6 Sätze
Spieldauer (in s)	5400	3600	2400	5000
Effektive Spieldauer	3260	2200	2200	1850
Dauer der Spielphasen/Ballwechsel	29s +/- 24s	15s +/- 9s	13s +/- 6s	8s +/- 2s
Dauer der Spielunterbrechungen	20s +/- 12s	10s +/- 7s	14s +/- 14s	12s +/-1 s
Herzfrequenz (in S/min)	150 +/- 10	165 +/- 10	170 +/- 10	160 +/- 10
Laktat (in mmol/l Blut)	4,4 +/- 1,5	4,8 +/- 2,0	6,5 +/- 2,5	1,8 +/- 0,2

(Frick, Einführung in die STS der Spielsportarten)

Zu der Tabelle kommen noch einige Daten, die man zur Trainingskonzipierung heranziehen sollte:

- Gesamtlaufleistung während des Spiels 4151; mit Ball 37m, ohne Ball 4114m

- Im Sprint mit Ball 11m, ohne Ball 383

- Im mittlerem Tempo mit Ball 26m, ohne Ball 3127

- 44 Antritte der Spieler

- 190 Tempowechsel

- 279 Änderung der Laufrichtung

- 16 Sprünge

(Konzag & Scheche, 1976, S.6 zitiert nach Trosse, 1985, S. 20)

Anhand der Tabelle und der gesammelten Daten kann man sehen, welche Leistungen im Handball während eines Spiels erbracht werden und dementsprechend sollte man sein Training gestalten. Also kann man nach Trosse aus den Daten folgende Erhebungen treffen:

1. Allgemeine Ausdauer

2. Schnelligkeit

3. Schnelligkeitsausdauer

4. Schnellkraft mit den Komponenten Wurf- und Sprungkraft

5. Allgemeine Kraft, (vgl. Trosse, 1985, S. 21)

Somit benötigt ein Handballer ein gewisses Pensum an Schnelligkeitsausdauer, da es notwendig ist über einen längeren Zeitraum ein hohes Level an Schnelligkeit zu nutzen. Weiterhin ist die Schnelligkeit allgemein von wichtiger Bedeutung beim Handball, hier bezieht man sich auf die Fortbewegungsgeschwindigkeit.

Ein weiterer Aspekt, den ein Handballer zwingend trainieren muss, ist die Schnellkraft mit den Komponenten Wurf- und Sprungkraft. Die Wurfkraft kann man in vier Punkte unterteilen, die alle voneinander abhängig sind:

- Kraft (dynamische Maximalkraft, Schnellkraft)

- Beweglichkeit (Sehnen, Bänder und Gelenke)

- Technik (die Beherrschung des idealtypischen und ökonomischen Verlaufs der Wurfbewegung)

- Koordination (Beherrschung der komplizierten Bewegungsformen und ihre Anwendung unter verschiedenen Bedingungen)

Trosse meint, dass neben der Wurfkraft gehört auch die Sprungkraft zu den wesentlichen Komponenten des Handballspiels. Die Sprünge kommen oft in Kombination mit der

Wurfbewegung zum tragen. Hierzu gehören Sprungwürfe aus dem Rückraum oder von der Außenposition, sowie Fallwürfe von der Kreisposition (vgl. Trosse, 1985, S. 75).

Ebenso muss die allgemeine Ausdauer beim Handballtraining mit einbezogen werden, da diese die Grundlage für das weitere Training festlegt. Die allgemeine Ausdauer soll einer vorzeitigen Ermüdung des Handballspielers vorbeugen und diesen psychisch wie physisch widerstandsfähiger machen.

Als letzter wesentlicher Gesichtspunkt ist die allgemeine Kraft zu nennen, die ein Handballer benötigt. Diese Kraft soll den Körper stärken und vor Verletzungen vorbeugen, hinzu kommt die Durchsetzungskraft, die ein Handballer bei Zweikämpfen benötigt, um Masse und Kraft entgegensetzen zu können, da Handball eine Kontaktsportart ist.

2.1. Trainieren der sportartspezifischen Grundlagen aus sportwissenschaflticher Sicht

In der heutigen sportwissenschaftlichen Literatur findet man viele Möglichkeiten, wie man die notwendigen Anforderungen trainieren soll, die Frage bleibt nur, ob und wie diese Möglichkeiten auch in den Trainingsplan eingebaut werden können.

Das trainieren der Schnelligkeitsausdauer wird in der sportwissenschaftlichen Literatur nach Wirth, durch die intensive Intervallmethode und die Wiederholungsmethode publiziert. Bei der intensiven Intervallmethode sieht es wie folgt aus um eine Steigerung der Schnelligkeitsausdauer zu erreichen. Die Belastungsintensität liegt bei 80% bis 90 %. Die Belastungsdichte sieht eine jeweilige Serienpause von 5-10 min vor (Lohnende Pause). Somit hat man einen Belastungsumfang von 10-12 Wiederholungen, die jeweils eine Belastungsdauer von 15-60s haben (Kurzzeitintervalle) (vgl. Wirth, 2005, S.15-16).

Die Wiederholungsmethode baut sich hinsichtlich des Schnelligkeitsausdauertrainings anders auf. Hier haben wir eine Belastungsintensität von 90% - 100%, wobei die Belastungsdichte bei 4min – 30min liegt, auch hier ist eine lohnende Pause nötig. Weiterhin soll ein Belastungsumfang von 1-6 Läufen sattfinden und eine Belastungsdauer pro Lauf zwischen 20 – 60 Sekunden (vgl. Wirth, 2005, S.17-18).

Das Prinzip der Schnelligkeit kann nochmal in zwei Bereiche aufgeteilt werden. Einmal haben wir die Schnelligkeit der Einzelbewegung und außerdem die Schnelligkeit der

Fortbewegung. Diese beiden Bereiche führt man zur Reaktionsschnelligkeit zusammen. Die Reaktionsschnelligkeit soll durch eine angemessene Aufwärmarbeit vor der Belastung und Vorspannung erhöht werden. Auch Übungen mit akustischen oder visuellen Signalen trainieren die Reaktionsschnelligkeit.

Als nächsten wesentlichen Punkt, der bei dem Handballer im Training mit eingebunden werden muss, ist die Schnellkraft. „Mit Schnellkraft wird die Fähigkeit des neuromuskulären Systems bezeichnet, einen möglichst großen Kraftstoß (Impuls) in der zur Verfügung stehenden Zeit zu produzieren." Am idealsten wird die Schnellkraft, laut Literatur, mit maximalen Kontraktionen trainiert.

Belastungskonfiguration	Maximale Kontraktion
Belastungsintensität	90-100%
Wiederholungen pro Serie	1-3
Serienzahl	3
Serienpause	>5 min
Kontraktionsgeschwindigkeit	Explosiv
Einheiten pro Woche	2-3
Wochen	6-8

(Schmidtbleicher, 2004, S.49)

Die allgemeine Ausdauer ist nicht nur für den Handballsport eine Notwendigkeit, sondern so gut wie für fast jede Sportart sehr wichtig. Um eine allgemeine Grundlagenausdauer zu erreichen, empfiehlt die Literatur die Dauermethode. Hier ist eine Geschwindigkeitsintensität von 70 – 95% angegeben, die zwischen 3 bis 50km durchgehalten werden soll. Die Belastungsdichte zielt darauf ab, dass man trainiert, ohne Pause durchzulaufen. Der Belastungsumfang soll sehr groß sein und die Belastungsdauer sehr lange. Bei Spielsportarten wird empfohlen, die extensive Dauermethode zu nutzen und ein Lauf bis 60 Minuten das Ziel sein soll, um möglichst spiel nah zu trainieren.

Als fünfter und letzter Punkt ist die allgemeine Kraft zu nennen, die für einen Handballer nötig ist. Dies wird durch das hypertrophische Krafttraining erreicht, da man hier den meisten Massenzuwachs hat und somit die Muskulatur besser die Gelenke und Bänder unterstützen kann.

Belastungskonfiguration	Submaximale Kontraktion
Belastungsintensität	70-85%
Wiederholungen pro Serie	6-12
Serienzahl	5-6
Serienpause	2-5min
Kontraktionsgeschwindigkeit	Langsam bis zügig
Einheiten pro Woche	2-3
Wochen	10-12

(Schmidtbleicher, 2004, S.50)

2. 2. Stand der Forschung

Wissenschaftliche Untersuchungen (z.B. Böttcher 1998, Martin, Carl & Lehnertz 2001) haben sich mit den konditionellen Belastungen während eines Handballspiels auseinandergesetzt und positionsspezifisch erfasst. Diese wurden dokumentiert, ausgewertet und Rückschlüsse auf den vorbereitenden Trainingsprozess gezogen.

Anhand einer systematischen Spielerbeobachtung eines 2. Bundesligaspiels (Böttcher 1998, S. 88ff) wurden die Belastungen:

- Gesamtlaufstrecke (in m)
- Gesamtlaufstrecke (ohne Ball)
- Gesamtlaufstrecke (mit Ball)

gemessen und verschiedenen Intensitäten zugeordnet:
- Sprint
- Laufen
- Gehen
- Antritte zu Sprints
- Tempowechsel zur Veränderung des Laufwechsels und der Richtung

Zusätzlich wurden technisch-taktische Faktoren notiert:

Ballkontakte, Torwürfe, Sprünge, Zweikämpfe, Sperren

Aus den erstellten Untersuchungen ergeben sich folgende prozentuale Verteilungen der Laufintensitäten eines Handballspielers (2. Bundesliga) während eines 60-Minütigen Spiels:

- Sprint = 9, 2 %
- Laufen = 70, 7 %
- Gehen = 20, 1 %

Die durchschnittliche Gesamtlaufstrecke aller Spieler betrug 4134 m (je nach Spielposition 3902 – 4328 m). 98 % der Läufe erfolgten ohne Ballbesitz, lediglich 2 % wurde mit Ball an der Hand absolviert (Tempogegenstöße).

Die Laufintensitäten orientierten sich stark an der jeweiligen Spielsituation und haben – was die Verteilung der Laufeigenschaften betrifft – einen Intervallcharakter. Kurze Sprints wechseln sich ab mit Angriffsvorträgen, die im Lauftempo absolviert werden. Unterbrochen wurden diese durch Gehphasen, vor allem während Spielunterbrechungen (Time-outs) und nach Torerfolgen. Keine dieser Phasen dauerte allerdings länger als 10 Sekunden.

Strecken mit hoher Intensität waren nur von kurzer Dauer (max. 7 Sekunden), Wege mit mittlerer Intensität (Laufen) dominierten. Die Sprintstrecke (ca. 330 m) hatte trotz ihres geringen Anteils einen spielentscheidenden Einfluss, die diese Eigenschaft entweder im Tempogegenstoß oder im Positionsspiel 1:1 angewendet wurde.

3. Synthese und eigene Bewertung

Aufgrund der vorliegenden Untersuchungen ergeben sich folgende Rückschlüsse für die Verbesserung der konditionellen Voraussetzungen im Handball:

Da die Laufleistung einen hohen Anteil in der Gesamtspielzeit hat (70, 7 %), kann der allgemeinen Ausdauer (aerob) eine hohe Bedeutung zugemessen werden (Böttcher 1998, S. 132f). Sie ist die Grundlage für ein erfolgreiches Spiel ist. Demnach wird diesem Teil auch in der entsprechenden Vorbereitungsphase eine wichtige Bedeutung beigemessen. Sie ist die Basis, um weitere Eigenschaften des Handballspiels (Schnelligkeit und Schnellkraft) erfolgreich anzuwenden, ohne vorher zu ermüden.

Daneben haben aber auch die Leistungen der Schnelligkeit und Schnellkraft eine spielentscheidende Bedeutung (ebd.), da diese in Tempogegenstößen und 1:1 Situationen immer wieder zum Einsatz kommen.

Als Voraussetzung können die Eigenschaften Beweglichkeit, Kraftausdauer und Maximalkraft angesehen werden.
Diese erhöhen die Möglichkeit eines erfolgreichen Torabschlusses, da sie
- der Ermüdung (Kraftausdauer) entgegenwirken,
- die Geschwindigkeit des Wurfs oder die Höhe des Sprungs positiv beeinflussen (Maximalkraft)
- die Chance auf einen erfolgreichen Torwurf in verschiedenen spieltaktischen Situationen (1:1, 2:2) erhöhen (Beweglichkeit).

Die genannten Eigenschaften müssen in der Trainingspraxis entsprechend ihrer Bedeutung in angemessener Zeit berücksichtigt, integriert und geübt werden. Eine unterschiedliche Gewichtung findet in den einzelnen Abschnitten der jeweiligen Periodisierung des Saisonverlaufs statt. Auf diesen wird im Folgenden genauer eingegangen:

4. Periodisierung

Beim Handball stellt sich oft die Frage, welche Trainingsperiodisierung ein Trainer für sein Team aufgreifen soll. Dies hängt natürlich von mehreren Faktoren ab:

- In welcher Liga spielt das Team?

- Was ist das Ziel des Vereins bzw. der Spieler?

- Wie lange war die Belastung in der Vorsaison?

Im Allgemeinen kann man sagen, dass in höheren Klassen eher eine Doppelperiodisierung zu finden ist. Dies hängt damit zusammen, da die Spielpause in der 1. und 2. Bundesliga im Winter, aufgrund von Welt- und Europameisterschaft, wesentlich länger ist. Folglich müssen die Spieler, die nicht nominiert wurden, weiter in Form bleiben und eine zweite Übergangsperiode ausführen. Somit sieht die Periodisierung bei höher-klassigen Teams wie folgt aus:

April	Mai	Juni	Juli	Aug	Sept	Okt	Nov	Dez	Jan	Febr	März
WP	ÜP	ÜP/VP	VP	VP	WP	WP	WP	WP/ÜP	ÜP/WP	WP	WP

Ein Trainingsplan der Spielsportart Handball sollte sich über eine gesamte Saison erstrecken und sich dabei an folgende, in der Tabelle bereits berücksichtigte Unterteilung halten:

- Übergangsperiode (Mai, Juni 3-4 Wochen) = ÜP
- Vorbereitungsperiode 1 (Juni- August 8-10 Wochen) = VP
- Wettkampfperiode 1 Hinrunde (Okt., Nov., Dez. 12-14 Wochen) = WP
- Vorbereitungsperiode 3 (Dez./Jan. 3 Wochen) Winterpause = VP
- Wettkampfperiode 2 Rückrunde (Januar-Mai 14-16 Wochen) = WP

Diese werden im Folgenden näher erklärt:

Die Übergangsperiode ist die Zeit, die sich direkt an das Ende der Saison (Wettkampfphase) anschließt. Sie dauert ca. vier Wochen und das Ziel, die konditionellen, taktischen (Spielzüge) und technischen Errungenschaften abgelaufenen Saison zum einen aufrecht zu erhalten (Döbler, Schnabel, Thieß 1989, S. 125).
Sie gilt aber vor allem dem Ziel, nach einer anstrengenden Wettkampphase Abstand von dieser zu nehmen und „den Kopf frei" zu bekommen und aktiv zu regenerieren. Aus diesem Grund stehen wettkampfferne Inhalte im Zentrum, die aber Grundeigenschaften des Handballs beinhalten (z.B. Fußball, Basketball, Schwimmen). Aber auch Regenerationsläufe finden ergänzende Anwendung, um kommenden Verletzungen vorzubeugen und Belastungen

für die kommende Phase vorzubereiten (Brack 1993, S. 70). Der Trainingsrhythmus beläuft sich meist auf 2x wöchentlich, je 90 Minuten.

Daran schließt sich eine große Vorbereitungsperiode an.
Die Intensität wird hier deutlich erhöht (3-4x wöchentlich), um sich die konditionellen Erfordernisse für die kommende Saison anzueignen. Dies geschieht verstärkt in Intervallläufen in verschiedenen Intensitäten und Umgebungen. Hierbei sollten allgemeine uns spezielle Ausdauer gemischt berücksichtigt werden (Martin, Carl & Lehnertz 2001, S. 207)
Parallel stehen aber auch die Verbesserung der Sprung-, Wurf-, und Sprintkraft (Trosse 1990, S. 90) im Fokus, da diese ebenfalls spielentscheidende Faktoren sein können (s.o.) Diese werden vor allem nach der Aneignung der konditionellen Fähigkeiten in der Vorbereitungsphase thematisiert und mit der technisch-taktischen Schulung (neue Spielsysteme, positionsspezifische Übungen) verknüpft.
Die Vorbereitungsperiode schließt ab mit einer steigenden Anzahl von Vorbereitungsspielen, die auf die kommende Spielzeit einstimmen und die erworbenen Fähigkeiten und Wettkampfcharakter überprüfen. Die Anzahl der Spiele sollte allerdings so gewählt werden, dass es zu keinem „Ausbrennen" der Spieler aufgrund der hohen psychologischen Belastung kommt (Böttcher 1998, S. 134)

Die eigentliche Wettkampfperiode im Handball beginnt Mitte September. Sie dauert (mit Unterbrechung durch die eine weitere Vorbereitungsperiode im Winter) neun Monate und lässt sich in die Periode 1 (Vorrunde) und 2 (Rückrunde) unterteilen.
Der Trainings-Rhythmus wird hier beibehalten, einer der Termine ist das Spiel am Wochenende. Die Dauer der Einheiten beträgt zwischen 90 und 120 Minuten.
Hierin stehen vor allem technisch-taktische Inhalte im Vordergrund. Es geht darum, das kommende Spiel erfolgreich zu bestreiten und aus den Fehlern des letzten Spiels Rückschlüsse zu ziehen. Konditionelle Eigenschaften werden weniger thematisiert (wenn, dann in einem separaten Trainingstag oder in wettkampfnahen Übungsspielen), da der Schwerpunkt auf der taktischen Ausrichtung des kommenden Spielgegners und der Verbesserung der technischen Vorraussetzungen liegt.

Die Wettkampperiode wird unterbrochen durch eine Winterpause. In diese wird eine weitere Vorbereitungsperiode (auf die Rückrunde) integriert. Sie dient der Aufarbeitung von entstandenen und festgestellten Defiziten (der Vorrunde). Diese können wieder im konditionellen, technischen oder taktischen Bereich liegen.

Daneben dient die Phase der aktiven Erholung bei möglichst optimaler Erhaltung der in der Vorbereitungs- und Wettkampfperiode erworbenen Fähigkeiten.

Daran schließt sich Phase 2 der Wettkampfperiode an, die bis ans Ende der Saison dauert und mit Beginn der Übergangsperiode abschließt.

Die Trainingsperiodisierung bei unterklassigen Teams sieht im Sommer anders aus, hier kommt noch eine Übergangsperiode dazu, da viele Familienväter dabei sind und auf diese hinsichtlich Ferien und Urlaub Rücksicht genommen wird. Somit wird die Organisation des Trainings für den Trainer etwas schwerer.

5. Exemplarischer Trainingsplan

Ein exemplarischer Trainingsplan sollte sich an den Grundsätzen der Periodisierung orientieren und die handballspezifischen Inhalte entsprechend der Fachliteratur berücksichtigen.

Inhalt	Mai	Juni	Juli	Aug	Sept	Okt	Nov	Dez	Jan	Feb	März	April
Ausdauer		xxx	xx	xxx	xx	x	x	x	xx	x	x	x
Kraft		xx	xx	xx	x	x	x	x	xx	x	x	x
Schnellkraft		xxx	x	x	x	x	x	x	x	x	x	x
Reaktion				xx	xx	xx	xx	xx	xx	xx	xx	xx
Technik	xx	x	x	xx	xxx	xxx	xxx	xxx	xx	xxx	xxx	xxx

Taktik	xx	x	x	xxx	xxx	xxx	xxx	xxx	xx	xxx	xxx	xxx
Regener.	xxx		xx						xx			

<u>Legende:</u>

xxx - x = intensiver Schwerpunkt der entsprechenden Eigenschaft – niedrige Intensität (Berücksichtigung) der entsprechenden Eigenschaft

<u>Übungen zur Verbesserung der Ausdauer können sein:</u>

Intervallläufe mit steigernden Belastungszeiten, Geschwindigkeitsintensitäten (70-95%) und Erweiterungen der zu bewältigenden Strecke, zwischen 3 und 50 km. Zeitlich sollten sich die Strecken an der Spielzeit orientieren, also 60 Minuten nicht überschreiten. Dies kann auch ergänzend auf dem Rad oder im Schwimmbecken geschehen.

<u>Übungen zur Verbesserung der Kraft:</u>

Übungen zur Steigerung der Wurf- und Sprungkraft, z.B.

- Sit-ups
- Schlusssprünge
- Würfe mit verschieden schweren Bällen

<u>Übungen zur Verbesserung der Bauchmuskulatur:</u>

- Crunches in verschiedenen Formen
- Ganzkörperstütz

<u>Übungen zur Verbesserung der Handball-technischen Fähigkeiten:</u>

Übungen, die die wesentlichen Eigenschaften des Spiels (Fangen, Passen, Werfen, Prellen) beeinhalten und in wechselnden Formen aufgreifen und thematisieren. Dies können z.B. Passübungen in wechselnden Formen (mit einem Ball, zwei Bällen, verschiedenen Bällen) und Formationen (Paarweise, im Viereck, etc.) sein.

<u>Inhalte zur Verbesserung der Taktik:</u>

Eine Verbesserung der Kleingruppentaktik (2:2, 3:3) in Angriff (Auslösehandlungen) und Abwehr wird erreicht durch eine höhere Anzahl von trainierten Spielsituationen (z. B. Sperre/ absetzen), Spielzügen oder verschiedenen Abwehrformationen (z. B. offensiv/ defensiv) in wechselnden Formen und Intensitäten.

6. Perspektiven/ Vergleich:

Ein Vergleich der Trainingspläne eines Bundesligisten mit solchen aus dem nicht-professionellen Bereich (Oberliga) zeigte, dass sowohl die Grundsätze der Periodisierung als auch der spezifischen Inhalte berücksichtigt wurden. Dies lässt vermuten, dass sich auch „Hobby-Sportler" an diese Planung der einzelnen Perioden halten und nach diesen trainieren. Die Setzung der Schwerpunkte orientierte sich ebenfalls an der entsprechenden Periodisierung. Abstriche wurden hier vor allem in der Dauer und der Intensität der konditionellen Inhalte gemacht. Dies lag primär an einer Reduzierung der Trainingsläufe, welche von den Sportlern absolviert wurden. Dies hat vermutlich mit dem „Hobby-Charakter" der Spieler zu tun, haben sie doch zusätzlich andere Tätigkeiten (Beruf, Studium, Schule) zu absolvieren, auf denen neben dem Sport der eigentliche Schwerpunkt des Lebens liegt.

Zu wünschen wäre, dass die Periodisierung des Trainingsbetriebes auch in unteren Leistungsbereichen seine Anwendung findet und in diesen Spielklassen der Bedeutung der konditionellen Vorraussetzungen eine größere Bedeutung beigemessen wird, als dies der Fall ist.
Ist diese Eigenschaft nicht entsprechend ausgebildet, sinkt die Wahrscheinlichkeit eines erfolgreichen Spielresultats enorm. Die konditionellen Vorraussetzungen dienen hierbei vor allem der Verbesserung der Spielfähigkeit, damit diese möglichst lange ohne Ermüdung „abgerufen" werden kann. Dies muss allen Handballern klar sein, mit dem Ziel, die aeroben Ausdauerleistungen weiter zu verbessern.

<u>**7. Literatur:**</u>

- Böckling, A., Kindermann, W., Schuster, K.-D., Suter, H. & Müller, H. J. (Hrsg.). (1983). *Beiträge zur Trainings-u. Wettkampfentwicklung im Handball.* Band 25: Zur Leistungsdiagnostik und Trainingsplanung im Handball. Spiesen-Elversberg: WZB.

- Böttcher, G. (1998): „Die Bedeutung der konditionellen Fähigkeiten im Hallenhandball", Gesamthochschul-Bibliothek

- Brack, R. (1993): „Trainingslehre 2000. Moderne Tendenzen der Trainingssteuerung", in: Zeitschrift Handballtraining 5/1993, S. 62-71

- Brack, R. (2002): „*Sportartspezifische Trainingslehre*", Feldhaus Verlag

- Döbler, H., Schnabel, G., Thieß, G. (1989): „*Grundbegriffe der Sportspiele*", Sportverlag Berlin

- Frick, U.: (2003). *Einführung in die STS der Spielsportarten 2003.* Unveröffentliches Skript, Institut für Sportwissenschaften, Johann Wolfgang Goethe-Universiät Framkfurt.

- Hohmann & Brack, R. (1994): „*Trainingssteuerung: konzeptionelle und trainingsmethodische Aspekte*", Nagelschmid

- Kolodziej (2007). *Richtig Handball.* München: BLV Buchverlag

- Martin, D., Carl, K. & Lehnertz, K. (2001): „*Handbuch Trainingslehre*", Schorndorf

- Matwejew, L.P. (1975): „*Periodisierung des sportlichen Trainings*", Bartels & Wernitz

- Müller, M. (1983). Leistungsdiagnostik und Trainingsplanung. *Beiträge zur Trainings- und Wettkampfentwicklung im Hallenhandball, 83* (25), 23-27

- Schmidtbleicher, D. (2004). *Grundlagentheorie des Krafttrainings 2004.* Unveröffentliches Skript, Institut für Sportwissenschaften, Johann Wolfgang Goethe-Universiät Framkfurt.

- Trosse, H. – D. (1985). *Trainingslehre-Handball I.* Berlin: B&W

- Trosse, H. – D. (2006). *Handbuch Handball.* Aachen: Meyer & Meyer

- Trosse, H-D. (1990): „*Handball-Praxis*", Verlag RoRoRo

- Wirth, K. (2005). *Grundlagen des Ausdauertrainings 2005.* Unveröffentliches Skript, Institut für Sportwissenschaften, Johann Wolfgang Goethe-Universiät Framkfurt.